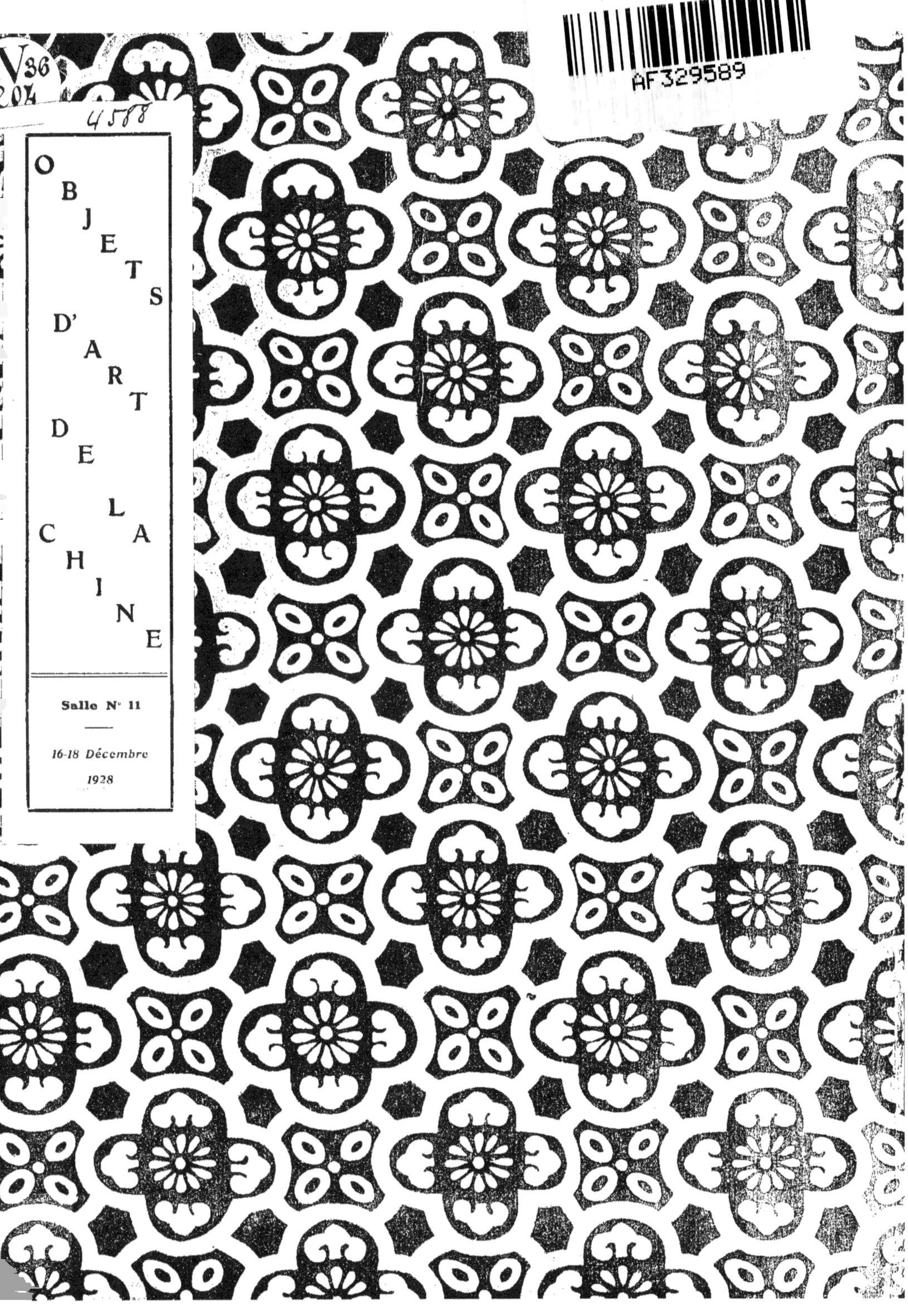

V 86
204

4588

AF329589

OBJETS
D'ART
DE LA
CHINE

Salle N° 11

16-18 Décembre
1928

Iᵉ

COLLECTION DE M. J. POBEREJSKY
(PREMIÈRE VENTE)

Importante Suite de Pierres dures

de la Chine

JADES - CRISTAUX DE ROCHE - AGATES - QUARTZ ROSE - JASPE - AMÉTHYSTES
LAPIS-LAZULI - CORNALINE - CALCÉDOINE - MALACHITE - CORAIL, etc.

IIᵒ

APPARTENANT A DIVERS AMATEURS

Céramique de la Chine

LAQUES DE PÉKIN

Sculptures Cambodgiennes et Siamoises

IMPORTANTS BRULE-PARFUMS ET PARAVENT EN ÉMAUX CLOISONNÉS

Peintures Coréennes et Chinoises

Belle Suite de Peintures provenant du Palais Impérial

(XVIIIᵉ Siècle)

ROBE IMPÉRIALE THIBÉTAINE

TAPIS CHINOIS

MEUBLES ET PARAVENTS DU PALAIS IMPÉRIAL

DONT LA VENTE AUX ENCHÈRES PUBLIQUES AURA LIEU

HOTEL DROUOT, Salle n° 11

Les Lundi 17 et Mardi 18 Décembre 1928, à deux heures

Mᵉ F. LAIR DUBREUIL | M. ANDRÉ PORTIER
COMMISSAIRE-PRISEUR | EXPERT PRÈS LE TRIBUNAL CIVIL DE LA SEINE
6, rue Favart, 6 | 24, rue Chauchat *(Provence 86-84)*

Chez lesquels se distribue le présent Catalogue.

EXPOSITION PARTICULIÈRE : *Chez* M. A. PORTIER, 24, rue Chauchat, *du Lundi 10 Décembre
au Vendredi 14 Décembre 1928.*

EXPOSITION PUBLIQUE : HOTEL DROUOT, Salle n° 11, *le Dimanche 16 Décembre 1928,
de 2 heures à 6 heures.*

CONDITIONS DE LA VENTE

Elle sera faite au comptant.

Les acquéreurs paieront *19 fr. 50 pour cent* en sus des enchères.

L'Expert, dans l'intérêt de la vente, se réserve la faculté de réunir ou de diviser les lots.

L'Expert assistera à l'Exposition et se tiendra à la disposition de MM. les Amateurs qui auraient des renseignements à lui demander ou des ordres d'achat à lui confier.

ORDRE DES VACATIONS

1re Vacation : Lundi 17 Décembre 1928

2e Vacation : Mardi 18 Décembre 1928

96.504. — Imprimerie Lahure, rue de Fleurus, 9, à Paris. — 1928.

1° *Appartenant à Monsieur J. Poberejsky*

(PREMIÈRE VENTE)

PIERRES DURES DE LA CHINE

Jades.

1 — Coupe, en forme de rython, ornée d'une anse détachée, en jade blanc olivâtre, sculptée de dragons et de grecques. XVIIIe siècle.

> Haut., 120 millim.

2 — Brule-parfums couvert, en jade blanc olivâtre, finement évidé, sculpté et ajouré de motifs floraux. L'épaulement supporte deux anses en forme de fleurs épanouies. XVIIIe siècle.

> Larg., 150 millim.

3 — Coupe, de forme ovale, en jade blanc moucheté de gris, ornée d'une anse détachée en tête de dragons salamandres. XVIIIe siècle.

> Long., 130 millim.

4 — Deux tasses couvertes, en jade blanc, finement évidées, sculptées d'oiseaux au milieu de nuages et de grecques. XVIIIe siècle.

> Larg., 80 millim.

5 — Brule-parfums, de forme hémisphérique, en jade blanc mauvé, taché de vert émeraude, sculpté de dragons et de branches fleuries. A l'épaulement, deux anses en forme de champignons de longévité portant des anneaux mobiles pris dans la masse.

> Larg., 125 millim.

6 — Vase couvert, de forme balustre, en jade blanc très finement sculpté de faces de tao-tie'h et de palmettes. L'épaulement supporte deux anses en tête de dragon avec anneaux mobiles pris dans la masse. XVIIIe siècle.

> Haut., 185 millim.

7 — Ornement, en jade blanc olivâtre, représentant un canard tenant dans le bec une tige fleurie. XVIIIe siècle.

> Long., 120 millim.

8 — Boite, de forme cylindrique, en jade gris olivâtre et jade pi-yu, gravée sur le pourtour
d'un paysage de collines : le couvercle est finement ajouré de motifs floraux.

Larg., 80 millim.

9 — Coupe, de forme ovale, en jade gris olivâtre, ornée d'une anse ajourée. XVIIIᵉ siècle.

Larg., 100 millim.

10 — Vase couvert, de forme balustre, en jade blanc olivâtre, finement sculpté de faces de
tao-tie'h et de palmettes. Le col supporte deux anses détachées en forme de champignon
de longévité.

Haut., 155 millim.

11 — Coupe, formée de deux fruits accolés, en jade blanc olivâtre, taché de noir, ornée de
tiges en haut relief détaché. XVIIIᵉ siècle.

Long., 120 millim.

12 — Boucle de ceinture, en jade blanc taché de rouille, sculptée en haut relief, d'un cerf,
d'une biche et d'un oiseau posé sous un pin. XVIIIᵉ siècle.

Long., 190 millim.

13 — Ornement, en forme d'un disque plat, le centre ajouré, en jade blanc, sculpté, sur une
face, de dragons salamandres et offrant, sur l'autre, un décor clouté. XVIIIᵉ siècle.

Diam., 120 millim.

14 — Fibule, en jade blanc, sculptée de dragons salamandres.

Long., 115 millim.

15 — Élégante statuette, en jade vert taché d'émeraude, représentant une jeune femme
debout, tenant à la main une branche fleurie.

Haut., 170 millim.

16 — Statuette, en jade vert taché d'émeraude, représentant une divinité debout, tenant un
manuscrit à la main : à ses côtés, un enfant debout, tenant un vase.

Haut., 170 millim.

17 — Groupe, en jade blanc mauvé, taché d'émeraude, représentant deux divinités accompa-
gnées d'un oiseau debout sur un rocher ajouré.

Haut., 190 millim.

18 — Statuette, en jade blanc taché d'émeraude, représentant une divinité debout près d'un
rocher, tenant à la main une corbeille de fleurs.

Haut., 135 millim.

19 — STATUETTE, en jade vert taché d'émeraude, représentant l'un des Pahs'ien debout, tenant un écran à la main.

Haut., 140 millim.

20 — STATUETTE, en jade vert taché d'émeraude, représentant une divinité debout, tenant, d'une main, une feuille de lotus et, de l'autre, une pêche de longévité.

Haut., 210 millim.

21 — CHIMÈRE, en jade vert taché de mauve et d'émeraude.

Long., 130 millim.

22 — STATUETTE, en jade blanc mauvé, taché d'émeraude, représentant un philosophe debout, tenant un attribut à la main.

Haut., 160 millim.

23 — DEUX GROUPES, formant paire, en jade vert pi-yu, représentant des Fong hoang debout sur un rocher.

Haut., 240 millim.

24 — COUPE, en forme d'une pêche de longévité dans son feuillage, en jade vert pi-yu : elle est sculptée, en haut relief détaché, de dragons salamandres et de chauves-souris.

Long., 145 millim.

25 — VASE COUVERT, de forme balustre, aplatie, en jade vert taché d'émeraude : il est sculpté de face de tao-tie'h et de palmettes. L'épaulement supporte deux anses détachées en tête de dragon, avec anneaux mobiles pris dans la masse. Couvercle surmonté d'une chimère.

Haut., 240 millim.

26 — OISEAU POSÉ, en jade vert émeraude, taché de noir.

Long., 120 millim.

27 — IMPORTANT VASE à fleurs, en jade vert pi-yu : il est sculpté d'un enroulement de feuilles de banians.

Haut., 340 millim.

28 — IMPORTANT VASE COUVERT, de forme balustre, aplatie, en jade pi-yu, très foncé, sculpté de faces de tao-tie'h et de palmettes. L'épaulement est orné de deux anses ajourées en tête de dragon supportant des anneaux mobiles pris dans la masse. Couvercle surmonté d'une chimère.

Haut., 420 millim.

29 — IMPORTANT VASE COUVERT, de forme balustre, aplatie, en jade vert très finement sculpté
de deux oiseaux affrontés. Couvercle surmonté d'une chimère et gravé de faces de tao-
tie'h. L'épaulement supporte deux anses détachées en tête de dragon tenant dans la
gueule des anneaux mobiles pris dans la masse. A l'épaulement, le cachet de Kienlong.

Haut., 330 millim.

30 — VASE PORTE-BOUQUETS, en jade blanc taché de vert émeraude, sculpté, en haut relief,
d'oiseaux posés sur les branches d'un pin.

Haut., 210 millim.

31 — DEUX OISEAUX, formant pendants, en jade blanc légèrement soufré.

Haut., 180 millim.

32 — PORTE-FLEURS, en forme d'une corne, sculpté sur un fond de grecques, de chauves-
souris et de motifs floraux stylisés. XVII° siècle.

Haut., 190 millim.

33 — GROUPE, en jade céladonné taché de rouille, représentant deux pêches de longévité
dans leur feuillage, sur lesquelles se pose une chauve-souris. XVII° siècle.

Larg., 180 millim.

34 — GROUPE, en jade céladonné taché de noir, sculpté de branches chargées de fruits et
d'un rocher sur lequel sont posés des oiseaux. XVIII° siècle.

Haut., 165 millim.

35 — STATUETTE, en jade blanc olivâtre, finement sculptée, représentant une Kwannin debout
tenant à la main une branche fleurie.

Haut.. 240 millim.

36 — VASE, en forme d'une fleur de datura dans son feuillage, en jade blanc céladonné.

Haut., 140 millim.

37 — OISEAU POSÉ, en jade céladonné.

Long., 170 millim.

38 — OISEAU POSÉ, formant pendant avec le précédent.

Long., 200 millim.

39 — VASE, de forme balustre, aplatie, en jade céladonné gravé de motifs floraux : l'épaulement supporte deux anses sculptées de dragons.

Haut., 166 millim.

40 — **Groupe**, en jade vert, représentant un oiseau posé près d'un rocher.

Haut., 130 millim.

41 — **Chimère** debout, en jade blanc.

Haut., 110 millim.

42 — **Statuette**, en jade céladonné, finement sculpté, représentant une Kwannin debout, tenant à la main un rosaire et un manuscrit.

Haut., 200 millim.

43 — **Vase couvert**, en jade céladonné, taché de vert, sculpté, en haut relief détaché, de deux tiges fleuries formant anses. Couvercle surmonté d'un oiseau.

Haut., 165 millim.

44 — **Oiseau posé sur un rocher**, en jade céladonné, taché de vert.

Haut., 140 millim.

45 — **Très beau sceptre**, en jade translucide, légèrement céladonné, sculpté en forme d'un champignon de longévité.

Long., 320 millim.

46 — **Ornement-pendentif**, en jade blanc, formé de quatre plaquettes, sculptées de poissons et d'attributs bouddhiques. Cadre de suspension en bois sculpté.

Haut., 490 millim.

47 — **Ornement porte-pinceaux**, en jade blanc olivâtre, sculpté d'un dragon.

Long., 230 millim.

48 — **Oiseau posé sur un rocher**, en jade vert marbré.

Haut., 145 millim.

49 — **Oiseau**, formant pendant avec le précédent.

Haut., 145 millim.

50 — **Plaquette**, de forme carrée, en jade blanc céladonné, finement ajourée d'enfants chinois et de motifs floraux : elle est supportée par un socle en émaux cloisonnés, à décor de fleurs, sur fond bleu turquoise.

Haut., 125 millim.

51 — **Groupe**, en jade vert pi-yu, représentant une chimère portant sur [le dos un vase couvert, orné, à l'épaulement, de deux anses détachées avec anneaux mobiles pris dans la masse.

Haut., 260 millim.

52 — **Cupule**, en jade blanc céladonné.

Diam., 70 millim.

53 — Cachet, en jade vert, sculpté d'une chimère sur une base en bois, à décor de motifs floraux.

Haut., 70 millim.

54 — Vase couvert, de forme ovoïde, en jade vert pi-yu, l'épaulement orné de deux anses tubulures.

Haut., 150 millim.

55 — Vase couvert, en jade vert pi-yu, très foncé, sculpté, en relief, d'oiseaux et de motifs floraux. Couvercle surmonté d'un oiseau.

Haut., 195 millim.

56 — Beau brule-parfums, en jade céladonné, supporté par quatre pieds à pans. De forme octogonale, il est surmonté d'un couvercle à trois étages, sculpté d'une stylisation de lotus.

Cachet : Kienlong.

Haut., 160 millim.

57 — Chimère debout, en jade gris céladonné, taché de noir.

Époque Kienlong.

Long., 270 millim.

58 — Boeuf couché, en jade céladonné, veiné de blanc.

Long., 250 millim.

59 — Deux bols, très finement évidés, en jade vert marbré noir.

Diam., 100 millim.

60 — Fong hoang et son petit, en jade vert, taché de vert émeraude. Ils sont représentés posés sur un rocher, tenant dans le bec une tige de pivoines.

Haut., 190 millim.

61 — Quatre coupes plates, en jade vert moucheté de noir.

Diam., 150 millim.

62 — Vase pitong, à anse, en jade blanc céladonné, taché de rouille : il est supporté par quatre pieds finement sculptés, ornés de têtes de tao-tie'h.

Haut., 90 millim.

63 — Écran, formé d'une plaque de jade vert émeraude, de forme rectangulaire, sculpté, sur les deux faces, de motifs floraux.

Haut., 170 millim.

64 — Vase pitong, de forme cylindrique, en jade gris céladonné, taché de noir.

Hau ., 115 millim.

65 — IMPORTANTE STATUETTE DE BOUDDHA, en jade gris céladonné, taché de noir : il est représenté assis, les mains posées sur la plante des pieds repliés. XVIIe siècle.

Haut., 230 millim.

66 — DEUX TASSES, de forme cylindrique, en jade céladonné, taché de brun.

Haut., 65 millim.

67 — BEAU VASE, de forme balustre, aplati, en jade vert taché d'émeraude : il est sculpté, en haut relief, d'oiseaux sur les branches d'un arbre en fleurs. Couvercle surmonté d'un oiseau. L'épaulement supporte deux anses en forme de champignon de longévité avec anneaux mobiles pris dans la masse.

Haut., 260 millim.

68 — VASE PITONG, de forme cylindrique, sur base octogonale, en jade vert pi-yu.

Haut., 100 millim.

69 — DEUX VASES, formant pendants, en jade mauve, taché de vert émeraude. Ils sont sculptés en haut relief détaché, de deux dragons salamandres, formant anses. Couvercles surmontés d'une chimère.

Haut., 200 millim.

70 — VASE PITONG, de forme cylindrique, en jade blanc céladonné, gravé de paysages et d'animaux.

Haut., 90 millim.

71 — BOL évasé, en jade vert pi-yu moucheté céladon.

Diam., 200 millim.

72 — DEUX BRULE-PARFUMS, en jade vert pi-yu, représentant des crapauds à trois pattes sur le dos desquels se tiennent, debout, des enfants chinois.

Haut., 160 millim.

73 — DEUX PORTE-CALOTTES DE MANDARIN, formant pendants, en bois de teck entièrement marqueté de plaquettes de jade céladonné, sculptés d'arabesques et de palmettes.

Haut., 330 millim.

74 — DEUX OISEAUX, en jade pi-yu, formant pendants : ils sont représentés la patte posée sur un rocher.

Haut., 200 millim.

75 — IMPORTANT CACHET IMPÉRIAL, en jade vert pi-yu ; il représente une base carrée sur laquelle est sculpté en haut relief un animal chimérique formant poignée.

Larg., 145 millim.

76 — Boite, de forme lenticulaire, en jade pi-yu, sculptée d'arabesques.

Diam., 90 millim.

77 — Statuette, en jade blanc céladonné, représentant une Kwannin debout.

Haut., 250 millim.

78 — Vase, en jade blanc céladonné, sculpté d'un tronc de bambou aux branches détachées, près desquelles est posé un fong hoang.

Haut., 190 millim.

79 — Boite, en forme d'une gourde à double panse, en jade céladonné taché de brun.

Long., 120 millim.

80 — Coupe plate, en forme d'une feuille aquatique, sculptée de boutons de lotus, en jade blanc.

Long., 160 millim.

81 — Chimère, en jade céladonné, taché de rouille.

Long., 90 millim.

82 — Ornement, en forme d'un disque plat, sculpté d'un dragon replié sur lui-même, en stéatite brune.

Époque Ming.

Larg., 200 millim.

Jaspe.

83 — Très beau et très important vase, en jaspe pi-yu. De forme balustre aplatie, il est sculpté, en haut relief, sur la panse, de faces de tao-tie'h ; à l'épaulement et au couvercle, de palmettes. Il est orné de deux anses en tête de chimère avec anneaux mobiles pris dans la masse. Couvercle surmonté d'une chimère et orné de quatre anses avec anneaux mobiles pris dans la masse.

Haut., 590 millim.

Agates.

84 — Porte-fleurs, en agate blanche veinée de noir et de brun, sculpté en haut relief, d'oiseaux et de motifs floraux.

Haut., 190 millim.

85 — Vase a eau, couvert, la panse sphérique, en agate mauve tachée de brun, sculpté en haut relief d'un enfant, d'un chien et de branches chargées de fruits.

Haut., 130 millim.

86 — Vase couvert, en agate blonde tachée de brun et de vert mousse : il est habilement
sculpté en haut relief détaché, d'animaux sous les pins.

Haut., 120 millim.

87 — Brule-parfums, de forme rectangulaire, supporté par quatre pieds tubulures, en agate
mousseuse verte, sculpté de dragons salamandres et de grecques. Couvercle surmonté
d'une chimère.

Larg., 130 millim.

88 — Fibule, en agate blonde, sculptée d'une tête de dragon et de motifs géométriques.

Long., 175 millim.

89 — Quatre tasses finement évidées, en agate blonde.

Diam., 950 millim.

90 — Vase couvert, de forme balustre aplatie, en agate mauve tachée de brun, sculpté en
haut relief d'animaux sous les pins.

Haut., 180 millim.

91 — Vase a eau, de forme sphérique, en agate mousseuse verte, sculpté en relief d'écu-
reuils et de branches chargées de fruits.

Larg., 125 millim.

92 — Éléphant marchant, en agate mousseuse verte tachée de brun.

Long., 160 millim.

93 — Cheval couché, en agate brune tachée de noir.

Long., 120 millim.

94 — Fibule, en agate blonde tachée de rouge, à décor de dragons salamandres.

Long., 120 millim.

95 — Ornement, en forme d'un disque, en agate blonde, sculpté d'une fleur épanouie.

Diam., 70 millim.

96 — Porte-bouquets, en agate rouge, sculpté d'oiseaux et de motifs floraux.

Haut., 135 millim.

97 — Vase couvert, en forme d'une gourde à double panse, en agate marbrée rouge, sculpté
de branches en agate verte.

Haut., 130 millim.

98 — Statuette, en agate rouge, représentant une divinité debout, tenant un vase à la main.

Haut., 190 millim.

99 — Deux chevaux couchés, en agate rouge.

Larg., 120 millim.

4

100 — FLACON TABATIÈRE, en agate blonde tachée de brun, sculpté d'emblèmes bouddhiques.

Haut., 70 millim.

101 — FLACON TABATIÈRE, en agate ambrée, sculpté en haut relief, de Cheou Lao, d'oiseaux et de feuillages aquatiques.

Haut., 60 millim.

102 — VASE PORTE-FLEURS, en agate, améthyste, aigue-marine et cristal de roche d'un seul bloc, sculpté en haut relief d'animaux et de branchages aquatiques.

Haut., 200 millim.

103 — BRULE-PARFUMS TRIPODE, la panse sphérique, en agate grise tachée de blanc. L'épaulement supporte deux anses en tête de chimère avec anneaux mobiles pris dans la masse. Couvercle ajouré d'un dragon et sculpté de cinq anses avec anneaux mobiles.

Haut., 170 millim.

104 — COUPE, en forme d'une fleur de datura dans son feuillage en agate ambrée tachée de bleu clair.

Haut., 150 millim.

105 — CHIMÈRE jouant avec son petit, en agate bleue.

Long., 150 millim.

106 — ÉLÉPHANT MARCHANT, en agate bleutée.

Long., 150 millim.

107 — VASE, de forme balustre aplatie, en agate gris bleu, tachée de rouge, sculpté en haut relief, dans une veine blanche, d'une jeune femme accompagnée de deux enfants.

Haut., 200 millim.

108 — BŒUF en agate gris bleu, tachée de brun.

Long., 150 millim.

109 — STATUETTE, en agate gris mauve, tachée de blanc, représentant une Kwannin assise.

Haut., 130 millim.

110 — GROUPE, en agate bleu clair, sculpté de deux jeunes femmes debout, auprès d'un arbre en fleurs.

Haut., 120 millim.

111 — STATUETTE, en agate aubergine tachée de brun, représentant une divinité debout, une branche fleurie à la main.

Haut., 220 millim.

112 — Coupe, de forme hémisphérique, tripode, en agate verte, sculptée en haut relief détaché, d'une branche fleurie.

Diam., 120 millim.

113 — Statuette, en agate gris mauve, représentant une jeune femme debout, un chasse-mouches à la main.

Haut., 210 millim.

114 — Vase suspendu, l'anse prise dans la masse, en agate brune : il est gravé de faces de tao-tie'h.

Haut., 170 millim.

115 — Boite, en forme d'un canard, en agate grise.

Long., 110 millim.

116 — Chimère, en agate brune tachée de noir.

Long., 90 millim.

117 — Porte-pinceaux, en agate ambrée, sculpté de tiges fleuries.

Larg., 100 millim.

118 — Brule-parfums, la panse sphérique, tripode, en agate mousseuse verte. L'épaulement supporte deux anses en tête de chimère avec anneaux mobiles pris dans la masse. Couvercle surmonté d'une chimère.

Haut., 130 millim.

119 — Chimère couchée, en agate mousseuse verte.

Époque Kienlong.

Long., 230 millim.

120 — Important brule-parfums, de forme ovale, en agate gris mauve, la panse entièrement ajourée d'un décor floral. Couvercle gravé de motifs floraux.

Larg., 210 millim.

121 — Important groupe, en agate gris bleu, représentant une chimère couchée.

Long., 500 millim.

122 — Deux éléphants, formant pendants, en agate ambrée tachée de brun et de noir.

Long., 200 millim.

Cristaux de roche.

123 — Deux ornements, formant pendants, en cristal de roche, représentant des canards mandarins.

Long., 180 millim.

124 — Brule-parfums, tripode, la panse sphérique, en cristal de roche fumé : l'épaulement est orné de deux anses en tête de chimère portant des anneaux mobiles pris dans la masse. Couvercle surmonté d'une chimère.

Haut., 150 millim.

125 — Vase a eau, en cristal de roche fumé : il est sculpté d'un calice de lotus entouré d'un bouton de fleurs et d'un oiseau.

Haut., 105 millim.

126 — Statuette, en cristal de roche, représentant une divinité debout, tenant à la main une branche fleurie.

Haut., 220 millim.

127 — Brule-parfums, de forme ovale, tripode, en cristal de roche, gravé de motifs floraux. Couvercle sculpté d'un oiseau.

Larg., 110 millim.

128 — Statuette, en cristal de roche, représentant un bonze debout.

Haut., 200 millim.

129 — Statuette, en cristal de roche, représentant une divinité debout, une fleur à la main.

Haut., 155 millim.

130 — Statuette, en cristal de roche, représentant une divinité debout, tenant un vase à la main.

Haut., 120 millim.

131 — Ornement, en forme d'une sphère en cristal de roche, sur laquelle est posé un oiseau.

Haut., 170 millim.

132 — Statuette, en cristal de roche, représentant une divinité debout, tenant à la main un bouton de lotus.

Haut., 250 millim.

133 — Boite, en cristal de roche, en forme d'un canard tenant dans le bec une branche fleurie.

Larg., 100 millim.

134 — Importante statuette, en cristal de roche, représentant une divinité debout, tenant un chien dans les bras.

Haut., 300 millim.

135 — Important vase, de forme cylindrique, en cristal de roche fumé, sculpté en haut relief de dragons poursuivant le joyau sacré, au milieu des nuages. Couvercle surmonté d un oiseau,

Haut., 240 millim.

136 — Vase a eau, en cristal de roche fumé, sculpté d'un fruit dans son feuillage.

Larg., 90 millim.

137 — Groupe, en cristal fumé (en trois pièces), représentant une divinité tenant un vase, debout sur un rocher, accompagnée d'un assistant en prières.

Haut., 140 millim.

138 — Vase couvert, en cristal de roche fumé, sculpté en haut relief détaché, d'oiseaux et de motifs floraux.

Haut., 125 millim.

139 — Oiseau de proie posé sur un rocher, en cristal de roche fumé.

Haut., 90 millim.

140 — Chimère, en cristal de roche fumé, à cheveux.

Long., 100 millim.

141 — Oiseau posé sur un rocher, en cristal de roche fumé.

Haut., 200 millim.

142 — Vase couvert, en cristal de roche fumé : il est sculpté en haut relief, de branches fleuries et d'oiseaux.

Haut., 170 millim.

143 — Statuette, en cristal de roche fumé, représentant Poussah assis, un rosaire à la main.

Larg., 130 millim.

144 — Oiseau posé sur un rocher, en cristal de roche fumé.

Haut., 095 millim.

145 — Bœuf couché, en cristal de roche fumé.

Long., 130 millim.

146 — Oiseau posé sur un rocher, en cristal de roche fumé.

Haut., 140 millim.

147 — Le poète Litaï-pe accroupi, un gobelet à la main. Cristal de roche fumé.

Larg., 100 millim.

148 — Groupe, en cristal de roche fumé, représentant un enfant assis sur le dos d'un bœuf couché.

Larg., 110 millim.

149 — Statuette, en cristal de roche, représentant une Kwannin debout, tenant à la main une branche de pivoines en fleurs.

Haut., 220 millim.

150 — Deux oiseaux, formant pendants, en cristal de roche : ils sont représentés posés sur un rocher.

Haut., 110 millim.

151 — Statuette, en cristal de roche, représentant une femme assise.

Haut., 130 millim.

152 — Canard posé, en cristal de roche.

Long., 155 millim.

153 — Oiseau posé sur un rocher, en cristal de roche.

Haut., 130 millim.

154 — Groupe, en cristal fumé, représentant une chimère et son petit.

Long., 800 millim.

Améthystes.

155 — Groupe, en améthyste, représentant un Poussah accompagné de nombreux enfants.

Larg., 130.millim.

156 — Statuette, en améthyste, représentant le dieu de la longévité un enfant dans les bras.

Haut., 605 millim.

157 — Vase a eau, de forme sphérique, en améthyste : il est sculpté en haut relief détaché, d'une grenouille et d'une branche chargée de fruits.

Haut., 705 millim.

158 — Flacon tabatière, en améthyste, sculpté en haut relief, d'un dieu de la longévité accompagné de son chelah.

Haut., 60 millim.

159 — Canard posé, en cristal de roche améthysé.

Larg., 100 millim.

160 — Groupe, en améthyste, sculpté d'un personnage sur un rocher, auprès d'une chimère.

Haut., 90 millim.

161 — Double vase a eau, en améthyste, sculpté de deux fleurs épanouies dans leur feuillage.

Larg., 100 millim.

162 — Groupe, en améthyste, sculpté de deux oiseaux posés près de fleurs épanouies.

Larg., 170 millim.

Quartz rose.

163 — Coupe a eau, de forme hémisphérique, en quartz rose, sculptée en haut relief, de dragons salamandres poursuivant le joyau sacré, ce dernier formant le couvercle.

Larg., 160 millim.

164 — Oiseau posé, en quartz rose.

Long., 130 millim.

165 — Important groupe, en quartz rose, représentant une divinité tenant une chimère accroupie devant une auréole de nuages.

Haut., 220 millim.

166 — Importante statuette, en quartz blanc rosé, représentant une divinité debout, tenant à la main, une branche fleurie.

Haut., 380 millim.

167 — Canard, en quartz rose : il est représenté posé, tenant dans le bec une tige de lotus.

Larg., 200 millim.

168 — Statuette, en quartz rose, représentant le Poussah assis.

Haut., 160 millim.

169 — Groupe, en quartz rose, représentant une divinité debout, à côté d'un oiseau.

Haut., 220 millim.

170 — Important groupe, en quartz rose, représentant un aigle posé sur un rocher, tenant dans le bec une branche chargée de fruits.

Haut., 350 millim.

171 — Important groupe, en quartz rose, en forme d'un bronze antique, représentant une chimère debout, portant un vase sur le dos.

Long., 260 millim.

172 — Deux oiseaux, formant pendants, en quartz rose : ils sont représentés posés sur un rocher.

Haut., 140 millim.

173 — Très important vase, en quartz rose, de forme balustre, aplati. Il est sculpté en haut relief détaché, de quatre chimères jouant avec une sphère. L'épaulement supporte deux anses en tête de chimère avec anneaux mobiles pris dans la masse. Couvercle surmonté · d'une chimère.

Haut., 400 millim.

174 — Deux ornements, en quartz rose, représentant des chevaux couchés sur des bases rectangulaires.

Long., 340 millim.

175 — IMPORTANT VASE COUVERT, en quartz rose, sculpté en haut relief d'oiseaux et de motifs floraux.

Haut., 410 millim.

Malachites.

176 — DEUX ORNEMENTS, formant pendants, en malachite : ils représentent des oiseaux posés sur un rocher.

Haut., 105 millim.

177 — DEUX VASES, formant pendants, en malachite : ils sont sculptés en haut relief détaché de deux troncs de bambou près desquels sont posés des fong hoang.

Haut., 105 millim.

178 — VASE A EAU, en malachite, sculpté d'un fruit dans son feuillage, sur lequel sont posées des chauves-souris.

Larg., 160 millim.

179 — GROUPE, en malachite, sculpté d'un fong hoang posé sur un rocher : il tient dans le bec une branche fleurie.

Haut., 170 millim.

180 — STATUETTE, en malachite finement sculpté, représentant une Kwannin enrubannée, debout : elle tient un sceptre à la main.

Haut., 170 millim.

181 — STATUETTE, en malachite finement sculptée, représentant une Kwannin debout, une fleur à la main.

Haut., 170 millim.

182 — GROUPE, en malachite vert foncé, sculpté d'un oiseau posé sur le dos d'un quadrupède.

Haut., 110 millim.

183 — VASE, en forme d'un calice de lotus, en malachite, sculpté en haut relief, d'oiseaux et de tiges fleuries.

Haut., 120 millim.

184 — COUPE, en malachite, représentant une feuille de lotus aux bords enroulés, sculptée en haut relief, d'oiseaux et de tiges fleuries.

Larg., 90 millim.

185 — IMPORTANT BLOC DE MALACHITE, sculpté en forme d'un rocher.

Haut., 340 millim.

Lapis lazuli.

186 — Deux chimères couchées, formant pendants, en lapis lazuli.

Long., 160 millim.

187 — Important vase couvert, de forme balustre, aplati, en lapis lazuli, sculpté, en haut relief, de chimères jouant avec une sphère. Le col supporte deux anses détachées en forme de champignon de longévité avec anneaux mobiles pris dans la masse.

Haut., 370 millim.

188 — Groupe, en lapis lazuli, représentant une Kwannin debout, tenant à la main une branche fleurie : à ses côtés, une assistante portant un vase.

Haut., 300 millim.

189 — Groupe, en lapis lazuli, représentant un oiseau de proie, venant de capturer un lièvre : l'oiseau tient dans le bec, une branche fleurie.

Haut., 150 millim.

190 — Groupe, en lapis lazuli, sculpté d'une chimère jouant avec son petit.

Larg., 120 millim.

191 — Groupe, en lapis lazuli, représentant une Kwannin debout, accompagnée de deux assistants.

Haut., 230 millim.

192 — Cerf couché, en lapis lazuli.

Long., 140 millim.

193 — Groupe, en lapis lazuli, représentant une Kwannin assise sur un rocher, une chimère à ses côtés.

Haut., 260 millim.

194 — Vase, de forme balustre, en lapis lazuli, sculpté, en haut relief détaché, d'oiseaux et de motifs floraux.

Haut., 160 millim.

195 — Coupe, en forme d'une feuille de lotus, aux bords enroulés, sculptée en haut relief, de tiges fleuries et de canards.

Larg., 200 millim.

196 — Coupe, en forme d'une feuille de lotus aux bords enroulés, sculptée en relief, de tiges fleuries.

Haut., 130 millim.

197 — Groupe, en lapis lazuli, représentant un fong hoang tenant dans le bec une branche de champignons de longévité.

Larg., 160 millim.

198 — Vase couvert, de forme balustre, en lapis lazuli, finement sculpté, en haut relief détaché, d'oiseaux et de motifs floraux.

Haut., 150 millim.

Turquoises.

199 — Groupe, en turquoise tachée de noir, représentant une divinité debout sous un arbre fleuri.

Haut., 160 millim.

200 — Flacon tabatière, en turquoise veinée de noir, sculpté, en haut relief détaché, d'oiseaux posés sur les branches d'un pin.

Haut., 100 millim.

201 — Flacon tabatière, en turquoise sculptée, en haut relief, de cigales sur une branche chargée de citrons digités.

Haut., 80 millim.

202 — Flacon tabatière, en turquoise marbrée de noir, sculpté, en haut relief, d'oiseaux et de branches fleuries.

Haut., 120 millim.

203 — Oiseau posé sur un rocher auprès d'une branche fleurie, en turquoise tachée de noir.

Haut., 105 millim.

204 — Flacon tabatière, en turquoise veinée de noir, sculpté, en haut relief, d'oiseaux et de motifs floraux.

Haut., 085 millim.

205 — Coupe, en turquoise, sculptée d'enfants accroupis autour d'une jarre sur laquelle sont posés deux oiseaux.

Haut., 90 millim.

206 — Flacon tabatière, en turquoise veinée noir, sculpté, en relief, d'oiseaux et de motifs floraux.

Haut., 70 millim.

207 — Groupe, sculpté de deux enfants luttant, en turquoise.

Long., 70 millim.

208 — Flacon tabatière, en turquoise, sculpté, en haut relief, d'oiseaux et de motifs floraux.

Haut., 80 millim.

Cornalines.

209 — Vase porte-fleurs, en cornaline rouge, veiné de blanc, sculpté, en haut relief détaché, d'oiseaux posés sur les branches chargées de fleurs et de fruits.

Haut., 150 millim.

210 — Statuette, en cornaline brun rouge, représentant le poussah assis contre son sac aux richesses.

Haut., 120 millim.

211 — Vase couvert, en cornaline blanche, rubanée rouge, sculpté, en haut relief, de dragons salamandres et de motifs floraux.

Haut., 125 millim.

212 — Coq et poule, en cornaline rouge, rubanée blanc.

213 — Lapin, en cornaline.

Long., 50 millim,

214 — Flacon tabatière, en forme d'un poisson lune, en cornaline rouge.

Long., 70 millim.

215 — Oiseau de proie, sur un rocher, en cornaline rouge.

Haut., 155 millim.

216 — Oie, en cornaline blanche et roue.

Haut., 055 millim.

217 — Flacon tabatière, en forme d'un poisson lune, en cornaline rouge.

Long., 70 millim.

218 — Oiseau de proie sur un rocher, en cornaline blanche et rouge.

Haut., 70 millim.

219 — Lapin, en cornaline blanche et rouge.

Long., 60 millim.

Calcédoines.

220 — Coupe, en calcédoine blanche, rubanée de rouge, sculptée, en haut relief, de chauves-souris et de champignons de longévité. XVIIIe siècle.

Long., 140 millim.

221 — Boite couverte, en forme d'un fruit à côtes dans son feuillage, en calcédoine blanche.

Long., 100 millim.

Aigue-Marine.

222 — Brule-parfums, de forme rectangulaire, tripode, en aigue-marine, sculpté d'oiseaux et de motifs floraux.

Haut., 085 millim.

223 — Statuette, en aigue-marine, représentant le dieu de la longévité debout, tenant à la main une branche fleurie.

Haut., 110 millhm.

224 — Flacon tabatière, en aigue-marine, finement sculpté d'un poussah accroupi, accompagné de deux enfants.

Haut., 075 millim.

Corail.

225 — Ornement en corail rose, sculpté d'une jeune femme debout sur les nuages, un chien à ses côtés.

Haut., 60 millim.

226 — Intéressante suite de huit statuettes, en corail rose, représentant les Pahs'ien (huit génies immortels).

Haut., 100 millim.

Spath fluor.

227 — Canard posé, en spath fluor, aigue-marine et améthyste.

Long., 160 millim.

228 — Vase couvert, en spath fluor aigue-marine, sculpté, en haut relief, d'oiseaux et de motifs floraux.

Haut., 300 millim.

229 — Deux chimères, formant pendants, en spath fluor aigue-marine. Elles sont représentées posées sur des vases rectangulaires.

Haut., 150 millim.

230 — Vase couvert, en spath fluor améthyste, sculpté, en haut relief, de chimères, d'oiseaux et de motifs floraux.

Haut., 190 millim.

231 — Important vase a eau, en spath fluor aigue-marine : il représente un fruit dans son feuillage.

Larg., 180 millim.

232 — Vase a eau, en spath fluor aigue-marine et améthyste représentant un calice de lotus dans son feuillage. Au pied de la fleur sont posés deux canards.

Haut., 140 millim.

Ambres et ambrines.

233 — Vase couvert, en ambre brun, sculpté, en relief, d'oiseaux et de motifs floraux. Couvercle surmonté d'un oiseau.

Haut., 130 millim.

234 — Statuette, en ambrine, représentant un poussah accroupi, un rosaire à la main : il est entouré d'enfants.

Larg., 155 millim.

235 — Importante paire d'éléphants, en ambrine brune.

Larg., 300 millim.

236 — Statuette, en ambrine, représentant un poussah assis.

Haut., 120 millim.

Tourmaline.

237 — Vase couvert, en tourmaline, sculpté, en haut relief, de motifs floraux et d'oiseaux.

Haut., 115 millim.

Réalgar.

238 — Très importante statuette, en réalgar, représentant un personnage debout, tenant un ornement à la main.

Haut., 400 millim.

239 — Sceptre, en réalgar, sculpté de motifs floraux.

Long., 310 millim.

Aventurines.

240 — Porte-fleurs, en forme d'un citron digité dans son feuillage, en aventurine.

Long., 90 millim.

241 — Important groupe, en aventurine Labrador, représentant un cerf couché sur le dos duquel sont grimpés deux enfants auprès d'un oiseau.

Haut., 260 millim.

242 — VASE COUVERT, de forme balustre, aplati, en aventurine, sculpté, en relief, de tiges de lotus et de dragons salamandres.

Haut., 250 millim.

243 — DEUX VASES, cylindriques, formant paire, en aventurine verte, gravés de faces de lao-tie'h.

Haut., 140 millim. .

244 — DEUX CANARDS, formant pendants, en ambrine aventurinée.

Long., 155 millim.

Stéatites.

245 — STATUETTE, en stéatite blanche, représentant le Poussah accroupi contre son sac aux richesses.

Haut., 170 millim.

246 — STATUETTE, en stéatite blanche, représentant la Kwannin assise sur le lotus.

Haut., 220 millim.

247 — IMPORTANT VASE, en stéatite brune, sculpté de feuilles aquatiques aux bords enroulés, auprès desquelles se voient des crabes et des grenouilles. XVIIIᵉ siècle.

Long., 320 millim.

248 — ÉLÉPHANT, en jadéite brune.

Long., 190 millim.

Nacre.

249 — FLACON TABATIÈRE, en forme d'un fruit dans son feuillage.

Haut., 60 millim.

250 — FLACON TABATIÈRE, sculpté d'oiseaux et de motifs floraux.

Haut., 60 millim.

251 — FLACON TABATIÈRE, en verre de Pékin, à fond blanc, décoré en relief de verre rubis, de deux dragons salamandres.

Haut., 70 millim.

Cornes de rhinocéros.

252 — COUPE LIBATOIRE, en corne de rhinocéros, finement sculptée de motifs floraux. XVIIIᵉ siècle.

Larg., 140 millim.

253 — COUPE LIBATOIRE, en corne de rhinocéros, sculptée, en haut relief détaché, de branchages fleuris. XVIIIᵉ siècle.

Larg., 95 millim.

254 — COUPE LIBATOIRE, en corne de rhinocéros, sculptée, en haut relief, d'oiseaux et de motifs floraux.

Larg., 150 millim.

2° *Appartenant à divers Amateurs*

CÉRAMIQUE

255 — IMPORTANTE POTICHE, en grès couvert d'un émail brun, décorée à la partie supérieure sur un fond de grès plus clair, d'une large stylisation florale.

Époque **Song.**

Haut., 500 millim.

256 — POTICHE, en porcelaine blanche, décorée en émaux polychromes, de scènes d'enfants jouant sur une terrasse.

Époque **Ming.**

Haut., 280 millim.

257 — PLAT, en grès émaillé céladon, le marli légèrement côtelé.

Époque **Ming.**

Diam., 410 millim.

258 — VASE, de forme ovoïde, en grès émaillé céladon, gravé sous couverte, de rinceaux fleuris et de palmettes.

Époque **Ming.**

Haut., 220 millim.

259 — PLAT, en biscuit émaillé blanc, décoré en émaux bleus, d'une stylisation de lotus.

Époque **Kanghi.**

Diam., 630 millim.

260 — BEAU VASE ROULEAU, en porcelaine blanche, décoré en émaux cinq couleurs et émaux noirs, d'une scène à personnages.

Époque **Kanghi.**

Haut., 470 millim.

261 — VASQUE, en porcelaine à fond jaune, décorée en émaux polychromes d'une stylisation de lotus, de chauves-souris, des huit emblèmes bouddhiques et de caractères « cheou ». Elle est ornée, en réserve, de quatre panneaux en losange, décorés de paysages variés. A l'intérieur, sur fond blanc, un décor de cyprins et d'algues.

Époque **Kienlong.**

Diam., 610 millim.; haut., 290 millim.

262 — Vase, en forme de gourde à double panse, en porcelaine émaillée jaune, décoré en émaux vert et rose, de branchages fleuris.

Cachet : **Kwansiu.**

Haut., 390 millim.

263 — Vase, en faïence de Satsuma, finement décoré de scènes à personnages.

Haut., 370 millim.

LAQUES ROUGES DE CHINE

264 — Armoire, en laque de Pékin, trois couleurs, sur fond rouge, décorée de scènes à personnages et de motifs floraux. Fin du XVIIIᵉ siècle.

Haut., 630 millim.; larg., 540 millim.

265 — Importante boite, de forme lenticulaire, en laque rouge, sculptée en haut relief, d'une scène à personnages sur une terrasse de palais. Au pourtour, un décor de fleurs et d'emblèmes bouddhiques.

266 — Boite, de forme rectangulaire, en laque rouge sculptée de scènes à personnages et de motifs géométriques.

Larg., 140 millim.

267 — Boite, en forme d'une pêche de longévité, en laque rouge, sculptée de scènes à personnages et de motifs floraux.

Larg., 110 millim.

268 — Boite a huit pans, contenant un drageoir, en laque rouge, sculptée d'un cavalier suivi d'un chelah, dans un paysage de montagnes, plantées de pins.

Larg., 320 millim.

269 — Boite a quatre lobes, en laque rouge, sculptée de scènes de philosophes et de motifs floraux.

Larg., 115 millim.

270 — Boite, de forme rectangulaire, en laque rouge, sculptée d'un philosophe chinois, accompagné de son chelah, dans un paysage de collines plantées de pins.

Larg., 150 millim.

271 — Plateau cylindrique, en laque rouge, sculpté de philosophes chinois, dans un paysage de rochers plantés de saules.

Diam., 345 millim.

272 — Deux potiches, formant paire, en laque rouge, décorées en léger relief d'une scène à personnages sous les pins.

Haut., 440 millim.

DIVERS

273 — Amphore, à deux anses, en terre cuite peinte, ornée sur chacun des côtés de scènes à personnages, de larges palmettes sous les anses et d'une frise de rosaces et de feuilles autour du col. Décor rouge rehaussé de blanc sur fond noir. Art étrusque antique.

Haut., 350 millim.

273 *bis*. — Amphore formant pendant avec la précédente.

274 — Corne de rhinocéros, de patine claire, sculptée de scènes à personnages. XVIII° siècle.

275 — Manuscrit birman, gravé sur écorce de bambou, avec couverture en laque noir, rouge et or.

SCULPTURES

276 — Tête de divinité, en pierre grise, coiffée d'un haut chignon. Art Khmer.

Haut., 220 millim.

277 — Fragment de stèle, en pierre sculptée, offrant un décor de divinités. Art Khmer.

Haut., 270 millim.

278 — Fragment de statuette, représentant un bouddha assis, les mains jointes. Art Khmer.

Haut., 160 millim.

279 — Tête de bouddha, en pierre grise sculptée, la coiffure bouclée surmontée d'un chignon à palmettes. Art Siamois : Sukhotai.

Haut., 430 millim.

280 — Tête de divinité, en pierre grise sculptée, la chevelure bouclée. Art Siamois : Sukhotai.

Haut., 420 millim.

281 — Buste de divinité, en bronze de patine verte, le front ceint d'un diadème, Art Siamois : Lopburi.

Haut., 120 millim.

282 — Buste de divinité, en bronze de patine verte. Art Siamois : Lopburi.

Haut., 90 millim.

283 — Buste de bouddha, en bronze de patine verte. Art Siamois : Lopburi.

Haut., 870 millim.

284 — Tête de divinité, en pierre grise, la coiffure bouclée. Art Siamois : Ayuthia.

Haut., 420 millim.

285 — Tête de divinité, en pierre grise, la coiffure bouclée. Art Siamois : Ayuthia.

Haut., 410 millim.

286 — Tête de divinité, en pierre brun rougeâtre. Art Siamois : Ayuthia.

Haut., 240 millim.

287 — Tête de divinité, en bronze de patine brun vert. Art Siamois : Ayuthia.

Haut., 410 millim.

287 *bis* — Importante statuette, en bronze de patine brune, représentant un Samuraï debout, vêtu d'une armure.

Haut., 160 millim.

BRONZES CHINOIS

288 — Brule-parfums, en forme d'une vasque supportée par un trépied à tête d'éléphant. Il est en bronze de patine claire, décoré de palmettes et de dragons stylisés.

Époque Ming.

Haut., 470 millim.

289 — Vase cornet, en bronze de patine brune, décoré en léger relief, de palmettes et de faces de tao-tie'h. La panse et la base sont décorées de huit arêtes dentelées.

Époque Ming.

Haut., 400 millim.

290 — Important brule-parfums, de forme ovale, en bronze ajouré de dragons poursuivant le joyau sacré au-dessus des nuages. Fin du XVIII° siècle.

Larg., 650 millim.

291 — Vase cornet, à quatre pans, en bronze de patine brune, à décor de chauve-souris dans les nuages. XVIII° siècle.

Haut., 410 millim.

ÉMAUX CLOISONNÉS ET ÉMAUX DE CANTON

292 — IMPORTANT BRULE-PARFUMS, de forme rectangulaire, en émail cloisonné chinois, à fond bleu turquoise, décoré en émaux polychromes, de médaillons « cheou » encadrés de rinceaux au milieu desquels volent des chauves-souris. A l'épaulement, un décor en bronze doré. Couvercle ajouré d'un motif de feuilles, surmonté d'un bouton en bronze ciselé et ajouré.

Époque **Kienlong.**

Pièce provenant du Palais Impérial.   Larg., 640 millim.; haut., 670 millim.

293 — BRULE-PARFUMS, formant paire avec le précédent.

294 — BOL, en émail de Canton, à fond mauve, décoré en émaux polychromes de la famille rose de médaillons représentant des personnages en buste, en réserve sur fond de fleurs. XVIIIe siècle.

295 — TRÈS INTÉRESSANTE PLAQUE, en émaux peints sur cuivre, à décor de miniature persane, représentant une réception devant un palais. XVIIIe siècle.

200 millim. $\times$ 130 millim.

PEINTURES CORÉENNES DE L'ÉPOQUE MING

296 — PEINTURE SUR PAPIER, rehaussée de bleu, de rouge et de vert : Bouddha assis sur le lotus, un sceptre à la main.

1 m. 04 $\times$ 700 millim.

297 — PEINTURE SUR PAPIER, rehaussée de rouge, de vert et de bleu : Tigre sous les branches d'un pin sur lesquelles sont posés deux oiseaux.

1 m. 08 $\times$ 750 millim.

298 — PEINTURE SUR PAPIER, rehaussée de vert, de rouge et de bleu : Guerrier assis, portant sur le dos un carquois; de la main gauche, il tient une épée.

1 m. 09 $\times$ 900 millim.

299 — PEINTURE SUR PAPIER, rehaussée de blanc, de rouge et de vert : Trois chimères jouant, au milieu des rochers.

Long., 1 m. 20 ; larg., 420 millim.

500 — PEINTURE SUR PAPIER, rehaussée de bleu, de vert et de rouge : Bouddha sur le lotus, dans une pose méditative.

1 m. 33 × 550 millim.

501 — PEINTURE SUR PAPIER, rehaussée de bleu, de jaune et de rouge : Divinité assise dans l'attitude de la prière.

1 m. 32 × 630 millim.

502 — PEINTURE SUR PAPIER, rehaussée de rouge, de vert et de blanc : Divinité gardienne des quatre coins cardinaux, un trident à la main.

1 m. 30 × 670 millim.

503 — PEINTURE SUR PAPIER, rehaussée de bleu, de rouge, de vert et de blanc : Autre divinité gardienne des quatre points cardinaux.

1 m. 29 × 710 millim.

504 — PEINTURE SUR PAPIER, rehaussée de blanc, de rouge : Bouddha en buste, la tête ressortant sur une auréole lunaire, émergeant des nuages.

1 m. 27 × 750 millim.

505 — PEINTURE SUR PAPIER, rehaussée de bleu, de rouge et de vert : couple d'oiseaux aux plumes éclatantes, posés sur les branches d'un grenadier chargé de fruits.

1 m. 11 × 340 millim.

506 — PEINTURE SUR PAPIER, rehaussée de vert, de rouge, de bleu et de blanc : Oiseaux et papillons sur une touffe fleurie, auprès d'un rocher.

1 m. 11 × 340 millim.

507 — PEINTURE SUR PAPIER, rehaussée de rouge, de vert et de bleu : Cavaliers se livrant au plaisir de la chasse.

930 millim. × 410 millim.

508 — PEINTURE SUR PAPIER, formant pendant avec la précédente.

509 — PEINTURE SUR PAPIER, rehaussée de vert, de rouge, de bleu et de noir : Couple d'oiseaux se posant sur des branchages fleuris, auprès d'un rocher.

1 m. 11 × 340 millim.

510 — PEINTURE SUR PAPIER, rehaussée de blanc, de bleu et de rouge : Philosophe discourant sur une terrasse ombragée, cependant qu'un serviteur prépare la collation.

500 millim. × 330 millim.

511 — PEINTURE SUR PAPIER, à l'encre de Chine : Pagodon dans un paysage de collines plantées de grands arbres.

530 millim. × 310 millim.

312 — PEINTURE SUR PAPIER, à l'encre de Chine : deux laboureurs dans un paysage de vallons.

530 millim. × 310 millim.

313 — PEINTURE SUR PAPIER, rehaussée de vert, de bleu et de rouge : couple de canards mandarins et martins-pêcheurs, auprès de lotus aux fleurs épanouies.

660 millim. × 380 millim.

314 — PEINTURE SUR PAPIER, rehaussée de vert, de rouge : couple de faisans près d'un bouquet de pivoines en fleurs.

710 millim. × 360 millim.

315 — PEINTURE SUR TOILE, rehaussée de vert, de rouge, de bleu et de blanc : couple de faisans posés sur un rocher, auprès d'un magnolia fleuri.

680 millim. × 380 millim.

316 — PEINTURE SUR PAPIER, rehaussée de blanc, de vert, de bleu et de rouge : vases fleuris et instruments de musique.

720 millim. × 350 millim.

317 — PEINTURE SUR PAPIER, à l'encre de Chine, rehaussée de rouge : tigre posé sous un pin.

950 millim. × 610 millim.

318 — PEINTURE SUR TOILE, rehaussée de bleu, de vert et de rouge : Bouddha assis sur le lotus devant une double auréole.

880 millim. × 570 millim.

319 — PEINTURE SUR TOILE, rehaussée de rouge, de vert, de blanc et de bleu : enfants chinois accroupis sur une terrasse, regardant un combat de coqs.

800 millim. × 400 millim.

320 — PEINTURE SUR PAPIER, rehaussée de bleu, de rouge et de blanc : couple d'oiseaux Ho-o posés sous un paulownia.

910 millim. × 500 millim.

321 — PEINTURE SUR PAPIER, rehaussée de rouge, de bleu, de vert et de blanc : Kwannin debout, les mains jointes dans l'attitude de la prière.

990 millim. × 580 millim.

322 — PEINTURE SUR PAPIER, rehaussée de bleu, de vert, de rouge et de blanc. Immortel tenant un écran à la main, assis sur le dos d'un oiseau, volant au milieu des nuages.

820 millim. × 570 millim.

323 — Peinture sur toile. rehaussée de bleu, de rouge et de blanc : guerrier vêtu d'un ample manteau bleu, assis, un carquois sur le dos : à la main, il tient une masse,

810 millim. × 550 millim.

324 — Peinture sur papier, rehaussée de vert, de rouge et de bleu : couple d'oiseaux sur un rocher, auprès d'un buisson de fleurs.

1 m. 11 × 340 millim.

325 — Peinture sur papier, rehaussée de bleu, de rouge, de vert et de jaune. Guerrier vêtu d'un ample manteau rouge, assis, un carquois dans le dos : à la main, il tient une masse.

1 m. × 930 millim.

PEINTURES CHINOISES

(Les traductions ci-dessous sont dues à l'aimable collaboration de M. le professeur A. Vissière).

326 — Rouleau. Il contient une longue peinture chinoise représentant une revue militaire passée par l'Empereur K'ien-long (1735-1795), lorsqu'il se trouvait à Nankin pendant un de ses voyages dans le sud de son empire.

Les troupes, d'armes diverses, sont rangées à droite et à gauche d'une longue carrière, au milieu de laquelle des cavaliers au galop lancent des flèches sur un but placé à terre. A l'extrémité de la carrière, une estrade porte le dais impérial jaune, sous lequel l'empereur est accroupi à la tartare sur un vaste fauteuil. Au delà, figurent les murailles de la ville de Nankin, que baignent les eaux du fleuve Yang-tseu.

Le rouleau est enveloppé dans un carré de soie brochée, bleue et blanche, contenant à l'intérieur cette inscription :

Dessins des Voyages Impériaux dans le Sud. — 10.

Dessinés respectueusement par votre sujet, Siu Yang.

Au commencement du rouleau ont été frappés en rouge trois grands sceaux impériaux caractéristiques de l'empereur K'ien-long après son abdication (1796). Sur le titre du rouleau figure la mention :

Dessins du Voyage Impérial d'inspection dans le Sud. — 10.

Sur le fermoir de jade, à l'intérieur, cette mention :

Vu avec plaisir par l'Empereur K'ien-long.

Dessin du Voyage Impérial d'inspection dans le Sud.

Dessiné respectueusement par son sujet, Siu Yang.

Le présent rouleau n'est donc que le 10e d'une série de 12.

A la fin du dessin a été copiée une poésie faite par l'Empereur à son sujet. Traduction :

Sous la paisible chaleur du soleil et le ciel serein de midi, le printemps brille d'un bel éclat.

A la clarté fulgurante de l'astre sont exposées les tuniques cuirassées.

Le grand fleuve, vaste fossé créé par le Ciel, témoigne de la richesse de ce territoire.

Dans les graves affaires de cette région provinciale, assurer la paix au peuple est la principale.

Ceux qui mènent paître leurs bœufs ou qui rentrent leurs chevaux jouissent de la paix depuis longtemps.

Le Tigre accroupi et le Dragon enroulé (¹) se renouvellent d'un moment à l'autre.

Lorsque je me fus rendu au Mausolée impérial (²) et que j'y eus terminé mes offrandes et mon hommage,

Je réfléchis aux difficultés et à la peine éprouvées alors pour fonder un empire.

Composé par l'Empereur à l'occasion de la revue des troupes.

Écrit avec respect, par ordre de Sa Majesté, par son sujet, Yu Min-tchong.

327 — GRAND ALBUM CARRÉ, contenant 10 peintures chinoises sur soie, dues à divers artistes; paysages, personnages ou animaux, portant les sceaux de l'empereur Kia-k'ing (1796-1820) et des notices en vers sur chaque sujet, composées en 1813, par le prince Mien-ning, qui devait être plus tard l'empereur Tao-kouang (1821-1850), sur l'ordre de son père.

L'album porte le titre de *Kou hiang wei kin.* « Réunion de belles œuvres au parfum antique. »

Ce recueil impérial contient des œuvres de Tchou Jouei, de Siao Tchao, de Siu Tch'ong-Kiu, de Li Song, de Yen Ts'en-p'ing, de Lin Tch'ouen, de Ma Yuan, de Song Pi-yun, de Hia Kouei et de Fan Long.

La dernière notice poétique est suivie de la mention :

Pendant la lune médiane de l'été (5ᵉ lune) de l'année Kouei-yeou de la période Kia-k'ing (1813), votre fils et sujet Mien-ning a composé ces notices sur votre Ordre Impérial.

La première aquarelle, due à Tchou Jouei, représente un monument historique de la Chine, le célèbre *Pavillon du prince de T'eng,* construit sur la muraille de la ville de Nan-tch'ang et la dominant, ainsi que la rivière qui la baigne. Ce pavillon a été illustré à jamais par la description qu'en fit, au VIIᵉ siècle de notre ère, le jeune poète Wang Pou, composition connue de tous les lettrés et qui est un prodigieux tissu de centons empruntés aux ouvrages de l'antiquité. Le futur empereur Tao-kouang, en élaborant à son tour, onze cent cinquante ans plus tard, une notice descriptive de ce monument, ne pouvait manquer de rappeler quelques-unes des citations caractéristiques de son prédécesseur, Wang Pou. On les trouvera signalées par de *l'italique* dans la traduction ci-dessous :

De cet altier pavillon, suspendu dans l'espace, la vue s'étend sur le vide.

Les hommes de jadis, qui l'ont élevé, se sont signalés par l'audace de leur talent.

Les brillantes couleurs de l'automne sont encerclées dans le vaste azur;

Cent lieues de lacs et de montagnes s'offrent à nos regards.

En composant sa description poétique, les sentiments (de Wang Pou) se sont étendus sur les *mutations des astres et des êtres.*

Les impressions éprouvées, au contact de la nature, sont identiques aujourd'hui à celles d'autrefois.

Les stores ornés de perles et le faîte du toit décoré de peintures semblent se retrouver encore ici,

(1) Exercices militaires.

(2) Sépulture du fondateur de la dynastie Ming (1368), T'ai-tsou, ou Hong-wou, située près de Nankin.

OEuvre d'un pinceau aux couleurs variées, luttant pour reproduire les années passées.

La pluie des montagnes de l'Ouest est passée et leurs sommets sont verdoyants.
Combien de fois a-t-on reconduit des invités à leur départ et s'est-on porté à leur rencontre?
De beaux vers nous ont été transmis jusqu'à présent sur *les eaux de l'automne* (¹).
Les nuages épars ont, de tout temps, couvert cette froide grève.

Le pays est devenu célèbre grâce à ses lettrés de talent.
Puisse le Ciel prolonger le vent favorable au voyageur dans son esquif! (²)
La route lui est indiquée en dehors de la Porte de la rivière Tchang,
Tandis que, sur l'ancienne résidence du prince immortel, s'épaissit la fumée du soir.

528 — ALBUM de peintures chinoises sur soie, au nombre de 10, représentant des scènes à personnages et animaux, par le peintre K'ang Tao, surnommé Che-tcheou et le Montagnard de T'ien-tou.

Daté, sur la dernière feuille, de la 11ᵉ lune de l'an Ting-tch'eou de la période K'ien-long (1757), avec les cachets de l'artiste.

Enveloppe de toile portant le titre.

529 — ROULEAU. BELLE ET IMPORTANTE SUITE DE TREIZE PORTRAITS finement peints sur soie, représentant le JEUNE EMPEREUR K'ien-long, l'impératrice et onze princesses du harem impérial (*Kouei-p'in*, *Feit* et *P'in*), en costumes d'apparat, robes jaunes, orangées ou pourpres, ornées de dragons à cinq griffes. Le portrait de l'empereur est daté « d'un jour heureux de la huitième lune de la première année » de son règne (1736). Les sceaux impériaux caractéristiques du souverain après son abdication (1796) ont été apposés en tête du rouleau, recouvert d'étoffe d'or et protégé par une enveloppe de soie à fond vert, où la date de 1736 a été reproduite. Le tout est contenu dans une longue boîte de laque rouge de Pékin sculptée, à dragons impériaux, au-dessus des flots et entourés de nuages. Le dessus de la boîte porte l'inscription :

« Sur son cœur est écrit : gouvernement pacifique ».

Provenant du Palais Impérial.

ÉTOFFES

530 — GRAND ENCADREMENT DE PORTE, en satin mordoré, décoré en broderie polychrome, de fong hoang et de motifs floraux. XVIIIᵉ siècle.

Larg., 2 m. 90; haut., 3 m. 40.

531 — TRÈS BELLE ROBE CHINOISE, en satin vert, ornée dans le dos, d'un large panneau entièrement brodé au point de Pékin, lamé or, à décor de pagodons au milieu des nuages, de médaillons d'animaux et de motifs floraux. A la base, également au point de

(1) L'automne, saison de tristesse. Le poème original porte :

L'image des *nuages épars* s'est réfléchie *dans la rivière* pendant des jours tristement prolongés.
Depuis que *les êtres ont changé* et que *les astres se sont déplacés*, combien *d'automnes* sont passés !

(2) Le dessin montre un bateau à voyageurs traversant la rivière Tchang.

Pékin, une frise de dragons poursuivant le joyau sacré au milieu des nuages, au-dessus des flots. Un décor analogue se retrouve sur les deux étoles formant le devant de la robe.

Au revers de l'une des étoles, l'inscription :

« A l'époque de la 12e lune de l'année Kouei-mao du règne Kienlong (soit, fin décembre 1783 ou les premiers jours de 1784), dans la deuxième chambre latérale jointe à la salle Yen-k'ing-t'ang (de l'Expansion du bonheur) du temple Tong-yue-miao (de la Montagne sacrée de l'Est), de la montagne de Fa-houa (de la Floraison de la Loi), Tcheng Yu-ts'an a déposé (offert) ceci.

« Confectionné par le tailleur Fong Han. »

332 — DEUX PANNEAUX, de forme rectangulaire, en kosseu (Gobelins chinois), offrant un décor de paysages animés de personnages. XVIIIe siècle.

TAPIS

333 — TAPIS CHINOIS, à fond bleu, décor floral (formant garniture avec les deux tapis suivants).

2 m. 30 × 1 m. 90.

334 — TAPIS CHINOIS, à fond bleu, décor floral.

1 m. 90 × 800 millim.

335 — TAPIS CHINOIS, à fond bleu, décor floral.

1 m. 90 × 800 millim.

336 — TAPIS CHINOIS, à fond bleu, décoré en beige et bleu clair, de rosaces fleuries et de grecques.

1 m. 88 × 1 m. 23.

337 — TAPIS CHINOIS, à fond bleu, décoré en beige et bleu clair, d'un motif quadrillé et d'ornements floraux.

1.m. 90 × 1 m. 20.

MEUBLES

338 — GRAND LIT, en bois sculpté. Il est de forme rectangulaire, finement sculpté de dragons, d'emblèmes bouddhiques et de rinceaux. Il supporte un dais dont la face intérieure est entièrement sculptée. XVIIIᵉ siècle.

Provenant du Palais Impérial.   Long., 2 m. 70; larg., 1 m. 70; haut., 2 m. 20.

339 — PARAVENT A QUATRE FEUILLES, en bois sculpté, décoré en haut relief, de dragons dorés au milieu des nuages. A la partie supérieure, frise sculptée de quatre personnages au milieu des pins. A la base, quatre panneaux en laque polychrome, ornés de jardinières fleuries. Chaque feuille est encadrée de caractères « cheou ». Au revers, il est décoré de quatre feuilles en velours jaune, ornées de motifs floraux. XVIIIᵉ siècle.

Provenant du Palais Impérial.   Chaque feuille, haut., 2 m. 20; larg. totale, 2 m. 80.

340 — GRANDE PSYCHÉ, en bois incrusté de nacre, décorée de motifs floraux et de scènes à personnages. Elle est supportée par un large pied offrant un décor analogue. XVIIIᵉ siècle.

Provenant du Palais Impérial : chambre de l'Impératrice.   Haut., 2 m. 50; larg., 1 m. 75.

341 — GRAND PARAVENT A CINQ FEUILLES, en bois, orné de larges appliques en émail cloisonné. La partie inférieure représente une zone de vagues écumantes. La feuille du centre est décorée d'un ibis posé sous un pin. De chaque côté de la feuille du centre, deux feuilles ornées d'oiseaux ho, posés sur des rochers, au milieu de pivoines en fleurs. La feuille de droite est ornée d'un bouquet de chrysanthèmes et de branches de magnolia : la feuille gauche, représentant un couple d'ibis et de canards mandarins sous un bouquet de lotus.

Époque **Kienlong.**

Provenant du Palais Impérial.   Haut. de la feuille du centre, 2 m. 60.
Haut. des feuilles encadrant la feuille centrale, 2 m. 50.
Haut. des feuilles de droite et de gauche, 2 m. 10.
Larg. totale, 4 m. 70.

342 — COFFRE, de forme cubique, en bois de fer, sculpté en haut relief de dragons au milieu des nuages.

Époque **Kienlong.**

Long., 800 millim.; larg., 700 millim.; haut., 700 millim.

343 — DEUX TABLES-CONSOLES à huit pans, formant pendants, en bois de fer. **Chine.** XVIIIᵉ siècle.

344 — PARAVENT A DOUZE FEUILLES double face, en laque rouge, gravées de personnages et de motifs floraux.

Chaque feuille. 2 m. 80 × 480 millim.

345 — IMPORTANT TRONE IMPÉRIAL, en laque rouge, le panneau de fond et les accoudoirs, en bois sculpté et doré, décorés en haut relief, de dragons poursuivant le joyau sacré, au milieu des nuages au-dessus des flots.

Larg., 1 m. 40; prof., 900 millim.

www.ingramcontent.com/pod-product-compliance
Lightning Source LLC
LaVergne TN
LVHW010331070726
842525LV00022B/1578